구약 **2**

하나님의
구출 계획

가스펠 프로젝트

구약 **2**

하나님의 구출 계획
저학년

지은이 | LifeWay Kids
옮긴이 | 안윤경
감 수 | 김도일 · 김병훈 · 이희성

초판 발행 | 2017. 2. 13
2판 2쇄 발행 | 2025. 3. 17
등록번호 | 제1988-000080호
등록된 곳 | 서울특별시 용산구 서빙고로65길 38
발행처 | 사단법인 두란노서원
영업부 | 02) 2078-3352, 3452, 3752, 3781
          FAX 080-749-3705
편집부 | 02) 2078-3437

표지디자인 | 더그램
활동연구 | 이경선 · 한승우 · 홍선아

책값은 뒤표지에 있습니다.
ISBN 978-89-531-4601-3 04230 / 978-89-531-4599-3(세트)

홈페이지 | gospelproject.co.kr
두란노몰 | mall.duranno.com

The Gospel Project for Kids

is published quarterly by LifeWay Christian Resources,
One LifeWay Plaza, Nashville, TN 37234, Thom S. Rainer, President
© 2015 LifeWay Christian Resources
Translated and used by permission of LifeWay Christian Resources

This Korean translation edition © 2017 by Duranno Ministry,
38, Seobinggo-ro 65-gil, Yongsan-gu, Seoul, Republic of Korea
Published by arrangement with LifeWay Christian Resources

차례

2단원 거룩하신 하나님

모세를 부르셨어요

출애굽기 1장 8절~2장 10절, 2장 23~25절,
3장 1절~4장 20절

주제

하나님은 하나님의 백성을 노예 생활에서
건져 내시기 위해 모세를 구하셨어요.

가스펠 링크

모세는 하나님의 백성을 이집트의 노예
생활에서 구했고, 예수님은 하나님의 백성을
죄의 노예에서 구원하셨어요.

성경의 초점

하나님의 계획은 무엇인가요?
하나님의 계획은 하나님의 백성을
노예 생활에서 구하시는 거예요.

이집트의 파라오는 이스라엘 백성이 많아지는 것을 두려워했어요. 그래서 아주 힘든 일을 시키고 괴롭혔지요. 하나님은 모세를 통해 하나님의 백성을 이집트의 노예 생활에서 구출하셨어요. 하나님은 불타는 떨기나무에서 모세에게 말씀하셨어요. 하나님의 백성을 약속의 땅으로 인도하시겠다는 약속이었어요.

야곱의 후손은 이집트에서 어떻게 살고 있었을까요?

하나님이 아브라함에게 하신 약속을 기억하나요?
야곱(이스라엘)의 가족이 이집트로 이사한 지 400여 년의 세월이 흘렀어요.
그동안 어떤 일이 있었을지 상상해 보고 그림이나 글로 표현해 보세요.

하나님이
아브라함과
언약을
맺으셨어요

요셉이
이집트로
팔려 갔어요

요셉이
이집트의 총리가
되었어요

400여 년 동안 이집트에서

하나님이
모세를 구하셨어요

모세를 부르셨어요

예수님이
오셔서
우리를 구원해
주셨어요!

1400여 년이 흘러...

6

모세는 왜 이집트 왕자가 되었을까요?

번호 순서대로 선을 잇고 색칠해 보세요. 무엇이 보이나요?
초성 암호를 보고 빈칸을 채워 주제 문장을 완성해 보세요.

☐☐☐ 은 하나님의 ☐☐ 을
ㅎ ㄴ ㄴ   ㅂ ㅅ

☐☐ 생활에서 ☐☐ 내시기 위해
ㄴ ㅇ   ㄱ ㅈ

☐☐ 를 ☐☐ 셨어요.
ㅁ ㅅ   ㄱ ㅎ

모세는 하나님의 부르심에 선뜻 용기가 나지 않았어요.

나에게 용기가 필요한 순간은 언제인가요? 그림이나 글로 표현해 보세요.

- 하나님은 모세에게 자신을 누구로 소개하셨나요? (출애굽기 3장 13~14절)
- 모세의 이야기는 앞으로 오실 더 위대하신 분을 가리키고 있어요. 그분은 누구이신가요?
- 하나님이 우리를 통해 일하실 수 있는 방법에는 어떤 것이 있을까요? 어떻게 하면 하나님이 우리를 믿으실 수 있을까요?

- 가족과 함께 갓난아기 때 찍은 사진을 보세요. 시편 139편 13~16절을 읽고, 우리 가족을 위한 하나님의 계획에 대해 이야기를 나누어 보세요.
- 이웃 중에 아기가 태어난 가정이 있다면 음식이나 옷을 준비해 선물해 보세요.
- 함께 읽을 말씀 : 욥기 34~35장, 38장 1절~40장 5절

이스라엘 백성은 재앙을 피했어요

출애굽기 5장 1절~13장 16절

주제

하나님은 하나님만 유일한 진짜 신이시라는 것을 이집트 사람들에게 보여 주셨어요.

가스펠 링크

이스라엘 백성이 어린양의 피로 장자의 죽음을 피했던 것처럼 예수님이 십자가에서 흘리신 보배로운 피로 죄인들이 죽음의 벌에서 구원받게 되었어요.

성경의 초점

하나님의 계획은 무엇인가요? 하나님의 계획은 하나님의 백성을 노예 생활에서 구하시는 거예요.

　모세는 파라오에게 말했어요. "이스라엘의 하나님 여호와께서 '내 백성을 보내라'라고 말씀하셨습니다!" 그러나 파라오는 하나님의 말씀에 순종하지 않았어요. 하나님은 열 가지 재앙을 통해 하나님만 유일한 진짜 신이시라는 것을 이집트 사람들에게 보여 주셨어요. 유월절에 하나님은 어린양의 피로 하나님의 백성을 보호하셨어요.

나침반

빈칸에 적힌 흐린 글씨를 따라 출애굽기 14장 13절을 완성한 후 질문에 답해 보세요.

모세가 백성에게 이르되

너희는 두 려 워 하 지 말 고

가만히 서서 여 호 와 께 서

오늘 너희를 위하여 행 하 시 는

구 원 을 보 라 너희가 오늘 본

애굽 사람을 영원히 다시 보지 아니하리라

출애굽기 14장 13절

1 애굽은 어느 나라일까요?

....

2 '출'(出)은 '나가다'라는 뜻이에요.
  '출애굽'은 무슨 뜻일까요?

이집트에서 ....

3 '기'(記)는 '기록'이라는 뜻이에요.
  '출애굽기'는 무슨 뜻일까요?

이집트에서 나간 ....

4 출애굽기는 약자로 .... 이라고 써요.

5 이 구절은 누가 한 말인가요?

....

6 누구에게 한 말인가요?

이스라엘 ....

7 이스라엘 백성이 보게 될 것은 무엇인가요?

....

12

어린양의 피가 죽음을 이겼어요.

'어린양의 피'를 바른 말은 잡혀도 죽지 않아요.
윷놀이를 하며 어린양의 피에 어떤 효과가 있는지 느껴 보세요. 79쪽 말을 사용하세요.

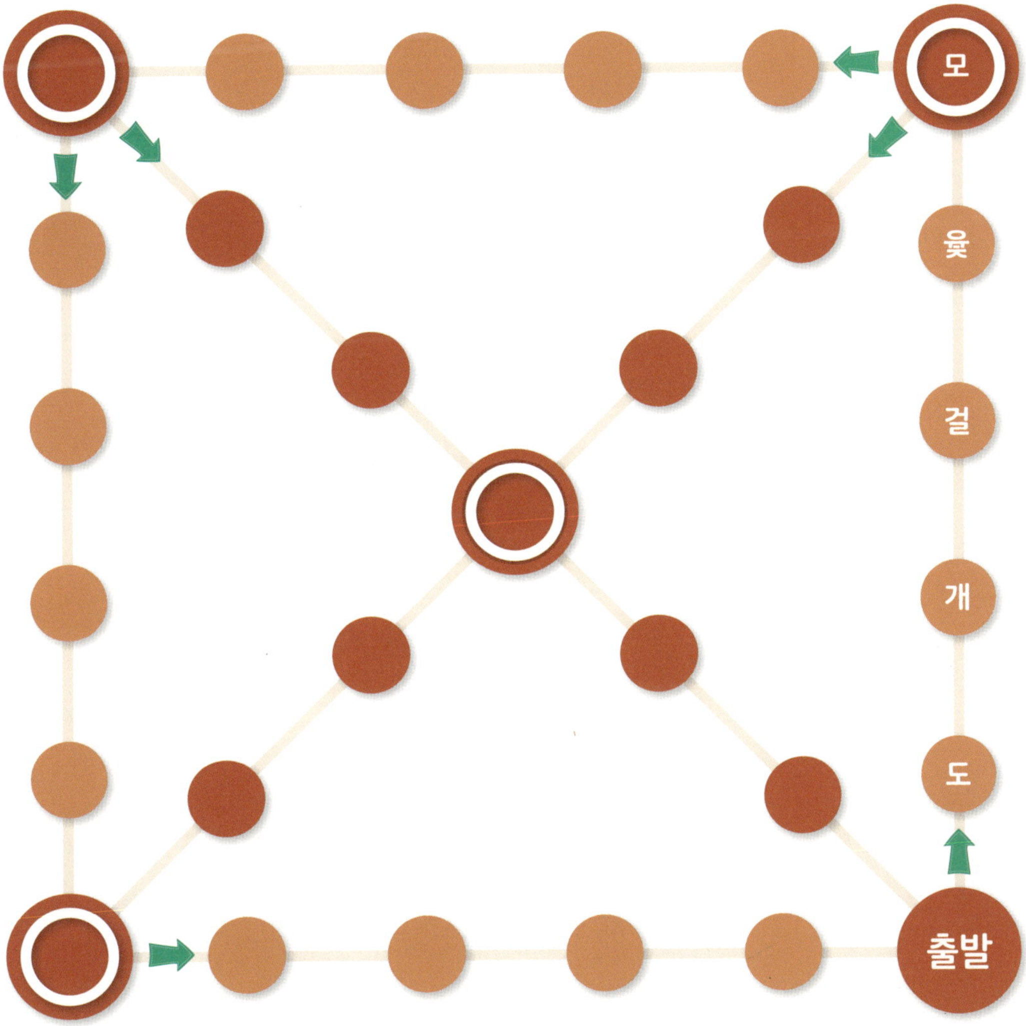

모

윷

걸

개

도

출발

유월절 윷놀이

윷놀이는 윷을 던져서 뒤집힌 개수에 따라 **도**(1개), **개**(2개), **걸**(3개), **윷**(4개), **모**(0개)만큼 앞으로 진행해 윷판을 돌아오는 게임입니다. 윷과 모가 나오면 한 번 더 던지는 기회를 얻습니다. '어린양의 피' 윷놀이는 4개의 말이 다 돌아오거나 상대 말을 2개 잡으면 승리하는 게임입니다. '어린양의 피'를 바른 말은 잡혔을 때 죽지 않고 상대 말을 출발점으로 돌아가게 합니다.

장자가 죽는 재앙이 지나간 다음 날
이스라엘 백성은 어떤 고백을 했을까요?

그림이나 글로 표현해 보세요.
하나님은 하나님만 유일한 진짜 신이시라는 것을 이집트 사람들에게 보여 주셨어요.
하나님은 하나님의 백성을 큰 능력으로 구하셨어요.

- 하나님은 이집트 사람들에게 어떤 방법으로 하나님의 능력을 보여 주셨나요?
- 이스라엘 백성이 유월절에 죽인 동물은 무엇인가요?
- 하나님의 어린양은 누구이신가요? (요한복음 1장 29절)
- 하나님을 신뢰하나요? 그 이유가 무엇인가요?

가족과
활동해요

- 하나님이 우리 가족을 돌보아 주실 것이라고 믿었던 순간이 있다면 이야기해 보세요.
- 이웃 가정을 초대해 함께 식사해 보세요. 우리 가족을 통해 그 가정에 복음이 전해질 수 있도록 기도하세요.
- 함께 읽을 말씀 : 욥기 42장, 출애굽기 2~3장

홍해를 건넜어요

출애굽기 13장 17절~15장 21절

주제

전능하신 하나님은 홍해를 갈라
이스라엘 백성이 마른 땅을 건너게 하셨어요.

가스펠 링크

하나님은 모세를 통해 이스라엘 백성을
이집트에서 구하신 것처럼
예수님을 통해 하나님의 백성을 영적으로
구원하실 거예요.

성경의 초점

하나님의 계획은 무엇인가요?
하나님의 계획은 하나님의 백성을
노예 생활에서 구하시는 거예요.

파라오는 이스라엘 백성을 뒤쫓아 왔어요. 하나님은 하나님만 유일한 진짜 신이시라는 것을 보여 주기 원하셨어요. 전능하신 하나님은 홍해를 갈라 이스라엘 백성이 안전하게 마른 땅을 건너게 하셨어요. 이스라엘 백성은 하나님을 찬양했어요. "여호와는 나의 힘이시며, 나의 노래이시며, 나의 구원이십니다!"

도자기 그림자를 찾아
출애굽기 14장 13절을 완성해 보세요.

모세가

바로가

보라

그들을

백성에게

너희는

서서

두려워하지

위하여

가만히

구원을

능력을

앉아

애굽

향하여

사람을

군대를

너희를

☐ ☐ ☐ 백성에게 이르되 ☐ ☐ ☐

두려워하지 말고 가만히 ☐ ☐ 여호와께서 오늘

너희를 ☐ ☐ ☐ 행하시는 ☐ ☐ ☐ 보라

너희가 오늘 본 애굽 ☐ ☐ ☐

영원히 다시 보지 아니하리라

출애굽기 14장 13절

모세와 이스라엘 백성

이야기 순서대로 번호를 적어 보세요. 순서에 맞추어 그림 속에 숨은 그림을 찾아
○표 하고 첫 글자 힌트를 얻은 후 빈칸에 적어 문장을 완성해 보세요.

하나님의 계획은 무엇인가요?

① ☐ ☐ ☐ 의 ② ☐ 은 하나님의 ③ ☐ ☐ 을

④ ☐ ☐ ⑤ ☐ ☐ 에서 ⑥ ☐ ☐ ☐ ☐ 거예요.

하나님은 큰 능력으로 하나님의 백성을 구하셨어요.

홍해를 건널 때 이스라엘 백성은 어떤 기분이었을까요? 그림이나 글로 표현해 보세요.

가족과
이야기해요

- 홍해를 건너기까지 이스라엘 백성에게 있었던 일을 떠올리며 순서대로 말해 보세요.
- 하나님만 유일한 진짜 신이시라는 것을 언제 느꼈는지 이야기를 나누어 보세요.

가족과 **활동해요**	• 가족이 모여 한 명씩 돌아가면서 우리 가정에 베풀어 주신 하나님의 놀라운 은혜에 감사하는 기도를 드려 보세요.
	• 함께 읽을 말씀 : 출애굽기 5장 1절~6장 13절, 7장 1~7절, 12~13장

광야에서 시험을 치렀어요

출애굽기 15장 22절~17장 7절

주제

하나님은 하나님의 백성의 필요를 채워 주셨어요.

가스펠 링크

하나님이 만나를 내려 하나님의 백성의 필요를 채워 주셨듯이 하나님은 우리의 영적 필요를 채우시기 위해 예수님을 보내 주셨어요.

성경의 초점

하나님의 계획은 무엇인가요? 하나님의 계획은 하나님의 백성을 노예 생활에서 구하시는 거예요.

이스라엘 백성은 모세를 따라 광야로 들어갔어요. 그들은 물과 양식이 떨어지자 모세를 원망했어요. 하나님은 하나님의 백성에게 만나와 메추라기를 보내 주시고 반석에서 물이 나오게 하셨어요. 하나님은 하나님의 백성의 필요를 채워 주셨어요.

그림 암호를 풀어 보세요.

암호 를 이용해 출애굽기 14장 13절을 완성해 보세요.

모세가 백성에게 이르되

 는  하지 말고 가만히 서서

여호와께서   를 위하여 행하시는

 을 보라  가  본

애굽 사람을 영원히 다시 보지 아니하리라

출애굽기 14장 13절

암호

너희

오늘

구원

두려워

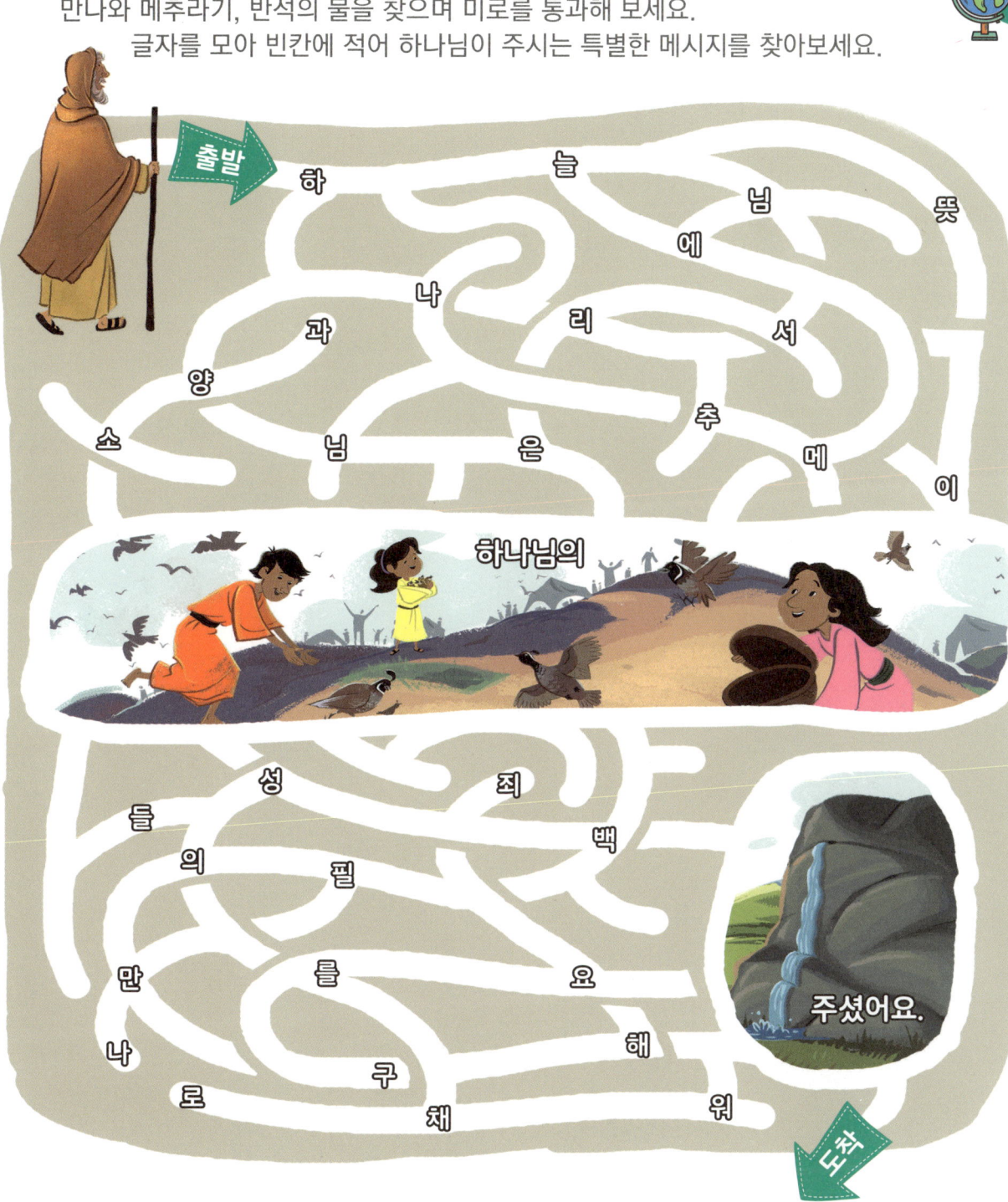

••• ••
필요해, 필요해!

이스라엘 백성은 모세를 따라 광야를 지나 약속의 땅을 향하고 있어요.
만나와 메추라기, 반석의 물을 찾으며 미로를 통과해 보세요.
글자를 모아 빈칸에 적어 하나님이 주시는 특별한 메시지를 찾아보세요.

출발

하 늘 님 뜻
에 나 서
리 이
과 양 추
소 님 은 메

하나님의

성 죄
들 백
의 필
만 를 요
나 해
로 구 위
채

주셨어요.

도착

하나님이 필요를 채워 주신 적이 있나요?

언제, 어떻게 채워 주셨나요? 그림이나 글로 표현해 보세요.

- 광야에서 이스라엘 백성이 하나님께 불평한 이유는 무엇인가요?
- 하나님은 이스라엘 백성에게 무엇을 주셨나요?
- 하나님께 불평한 적이 있나요? 그것은 하나님에 대한 어떤 마음을 나타내나요?
- 하나님이 나를 돌보실 것이라고 믿나요? 그 이유는 무엇인가요?

금송아지를 만들었어요

STORY 5

출애굽기 32장 1~35절, 34장 1~9절

주제

하나님은 금송아지를 섬긴
하나님의 백성을 벌하셨어요.

가스펠 링크

모세가 이스라엘 백성의 죄를 용서해 달라고
했던 것처럼 예수님은 하나님과 사람 사이의
중재자이세요. 예수님은 십자가에서 우리의
죄를 사해 주셨고, 우리를 대신해 하나님 앞에
서 주셨어요.

성경의 초점

하나님의 계획은 무엇인가요?
하나님의 계획은 하나님의 백성을
노예 생활에서 구하시는 거예요.

모세는 시내 산에서 40일 밤낮을 머무르며 하나님과 이야기했어요. 그동안 이스라엘 백성은 아론에게 우상을 만들어 달라고 요구했어요. 하나님은 금송아지를 섬긴 이스라엘 백성을 벌하셨어요. 모세는 하나님께 이스라엘 백성을 용서하시고 그들의 하나님이 되어 달라고 간절히 기도했어요.

꼭꼭 찾아라! 하나님만 보인다!

하나님은 모세에게 하나님이 어떤 분인지 말씀해 주셨어요. 출애굽기 34장 1~9절을
큰 소리로 읽고 하나님에 대한 설명이 나오는 절에 밑줄을 그어 보세요.

보기 에서 하나님에 대해 바르게 설명한 것들을 찾아 ○표 하세요.

출애굽기 34장 147

19 여호와께서 이르시되 내가 내 모든 선한 것을 네 앞으로 지나가게 하고 여호와의 이름을 네 앞에 선포하리라 나는 은혜 베풀 자에게 은혜를 베풀고 긍휼히 여길 자에게 긍휼을 베푸느니라

20 또 이르시되 네가 내 얼굴을 보지 못하리니 나를 보고 살 자가 없음이니라

21 여호와께서 또 이르시기를 보라 내 곁에 한 장소가 있으니 너는 그 반석 위에 서라

22 내 영광이 지나갈 때에 내가 너를 반석 틈에 두고 내가 지나도록 내 손으로 너를 덮었다가

23 손을 거두리니 네가 내 등을 볼 것이요 얼굴은 보지 못하리라

34 하나님의 성품이 계시됨
여호와께서 모세에게 이르시되 너는 돌판 둘을 처음 것과 같이 다듬어 만들라 네가 깨뜨린 처음 판에 있던 말을 내가 그 판에 쓰리니

2 아침까지 준비하고 아침에 시내 산에 올라와 산 꼭대기에서 내게 보이되

3 아무도 너와 함께 오르지 말며 온 산에 아무도 나타나지 못하게 하고 양과 소도 산 앞에서 먹지 못하게 하라

4 모세가 돌판 둘을 처음 것과 같이 깎아 만들고 아침에 일찍이 일어나 그 두 돌판

을 손에 들고 여호와의 명령대로 시내 산에 올라가니

5 여호와께서 구름 가운데에 강림하사 그와 함께 거기 서서 여호와의 이름을 선포하실새

6 여호와께서 그의 앞으로 지나시며 선포하시되 여호와라 여호와라 자비롭고 은혜롭고 노하기를 더디하고 인자와 진실이 많은 하나님이라

7 인자를 천대까지 베풀며 악과 과실과 죄를 용서하리라 그러나 벌을 면제하지는 아니하고 아버지의 악행을 자손 삼사 대까지 보응하리라

언약을 새롭게 하심

8 모세가 급히 땅에 엎드려 경배하며

9 이르되 주여 내가 주께 은총을 입었거든 원하건대 주는 우리와 동행하옵소서 이는 목이 뻣뻣한 백성이니이다 우리의 악과 죄를 사하시고 우리를 주의 기업으로 삼으소서

10 여호와께서 이르시되 보라 내가 언약을 세우나니 곧 내가 아직 온 땅 아무 국민에게도 행하지 아니한 이적을 너희 전체 백성 앞에 행할 것이라 네가 머무는 나라 백성이 다 여호와의 행하심을 보리니 내가 너를 위하여 행할 일이 두려운 것임이니라

보기

여호와이시다	미움이 가득하시다	자비로우시다	은혜로우시다
거짓을 말씀하신다	노하기를 더디 하신다	포악하시다	
인자와 진실이 많으시다	인내심이 없으시다	무자비하시다	

- - - - -
금송아지를 찾아라!
그림 속에 숨은 금송아지 10개를 찾아 ○표 하세요.

금송아지 이야기에서 어떤 하나님을 알게 되었나요?

그림이나 글로 표현해 보세요.
출애굽기 34장 6절 말씀에 나온 하나님의 모습과 비교해 보세요.

- 아론이 금송아지를 만든 이유는 무엇인가요?
- 모세는 이스라엘 백성의 죄를 용서해 달라고 하나님께 간절히 기도했어요. 우리를 위해 기도하시는 분은 누구이신가요?
- '우상'이란 우리가 하나님보다 더 중요하게 생각하는 어떤 거예요. 내 삶에서 우상은 무엇인가요?

가족과
활동해요

- 우리 가정에 하나님을 예배하는데 방해되는 물건이나 가족 활동이 있다면 함께 이야기
  해 보세요. 우리 가정에서 우상을 하나씩 제거해 보세요.
- 찬양을 드리며 하나님께 예배하고 함께 기도하세요.
- 함께 읽을 말씀 : 출애굽기 23장, 25장 1~22절

십계명 "하나님을 사랑하라"

STORY 6

출애굽기 19장 1절~20장 11절, 31장 18절

주제

하나님은 우리에게 규칙을 주셔서
하나님은 거룩하시고, 우리는 죄인이라는 것을
알게 하셨어요.

가스펠 링크

죄는 우리를 하나님으로부터 갈라놓았어요.
하지만 의로우신 예수님은 우리의 죄를 없애
주시고 우리를 다시 하나님께로 인도하셔서
예수님을 믿는 모든 사람을 하나님의 가족이
되게 하세요.

성경의 초점

누가 하나님의 법을 완전하게 지킬 수 있나요?
예수님 외에는 아무도 없어요.

하나님은 돌판에 십계명을 쓰셨어요. 제1계명부터 제4계명은 우리가 하나님을 어떻게 사랑해야 하는지를 알려 주어요. 하나님은 하나님의 거룩하심을 보여 주시려고 우리에게 규칙을 주셨어요.

보물
지도

십계명을 기억해요.

이스라엘 백성을 이집트에서 이끌어 내신
하나님의 사랑이 담긴 계명의 짝을 찾아 선으로 이어 보세요.

1. 너는 나 외에는

2. 너를 위하여 새긴 우상을

3. 너는 네 하나님
여호와의 이름을

4. 안식일을

기억하여 거룩하게 지키라

*망령되게 부르지 말라

다른 신들을 네게 두지 말라

만들지 말고
… 섬기지 말라

★ 망령되게 : 함부로
★ 간음하지 말라 : 결혼의 약속을 지켜라

5. 네 부모를 공경하라   6. 살인하지 말라

7. *간음하지 말라   8. 도둑질하지 말라

9. 네 이웃에 대하여 거짓 증거하지 말라

10. 네 이웃의 집을 탐내지 말라

36

● ● ●
뒤범벅 글자, 차렷!

글자가 뒤범벅되어 무슨 말인지 알 수가 없어요.
글자를 바로잡아 빈칸에 적어 주제 문장을 완성해 보세요.

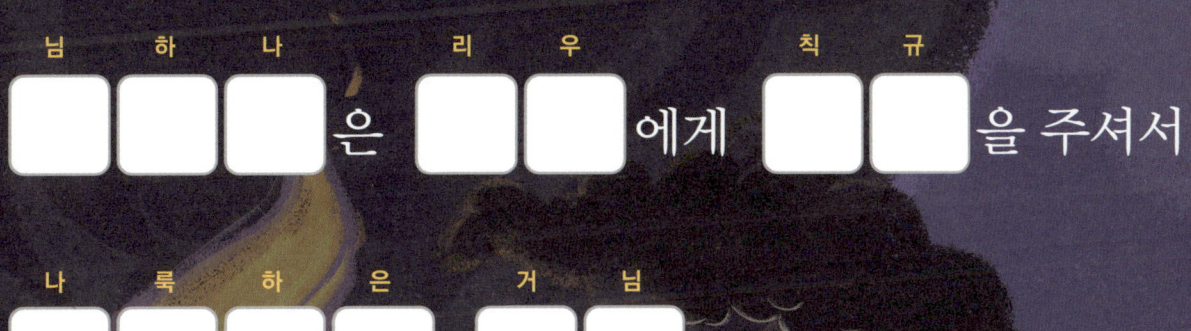

님 하 하 나　　리 우　　칙 규

☐☐☐ 은 ☐☐ 에게 ☐☐ 을 주셔서

나 룩 하 은　거 님

☐☐☐☐　☐☐ 하시고,

인 는 리 우 죄

☐☐☐　☐☐ 이라는 것을 알게 하셨어요.

십계명 중에서 가장 지키기 어려운 계명은 무엇인가요?

그림이나 글로 표현해 보세요.

- 하나님이 거룩하시다는 것은 무슨 뜻인가요?
- 십계명은 하나님에 대해 어떤 내용을 가르쳐 주나요?
- 우리 가족의 규칙은 무엇인가요? 그 규칙이 생긴 이유는 무엇인가요?

- 규칙에 대해 이야기를 나누고, 규칙을 어기면 어떤 결과가 일어나는지에 대해 생각해 보세요. 때로는 어른들도 규칙을 지키지 못한답니다.
- 우리 가족이 이번 주에 지킬 수 있는 재미있는 규칙을 만들어 보세요.
- 함께 읽을 말씀 : 출애굽기 32장, 34장

십계명
"이웃을
사랑하라"

출애굽기 20장 12~17절

주제

하나님은 우리에게 규칙을 주셔서 하나님과
이웃을 사랑하는 법을 가르쳐 주셨어요.

가스펠 링크

예수님은 우리가 죄로 인해 받아야 할 형벌을
대신 받으셨어요. 예수님을 믿는 사람은
누구든지 죄를 용서받고 영원한 생명을 얻어요.

성경의 초점

누가 하나님의 법을 완전하게 지킬 수 있나요?
예수님 외에는 아무도 없어요.

STORY

7

하나님은 우리에게 십계명을 주셨어요. 십계명 중에 후반부 여섯 계명(제5계명~제10계명)은 우리가 이웃을 어떻게 사랑해야 하는지를 알려 주어요. 십계명은 하나님을 사랑하고 이웃을 사랑하는 법을 가르쳐 준답니다.

· · · · ·
예수님은 두 가지 계명을 말씀해 주셨어요.

"하나님을 사랑하고, 네 이웃을 사랑하라"(누가복음 10장 27절; 마가복음 12장 33절 참조).
십계명 순서 대로 번호를 쓰고, '하나님 사랑'에 대한 내용인지,
아니면 '이웃 사랑'에 대한 내용인지 생각해 보고 알맞게 ○표 하세요.

십 계 명

☐	너를 위하여 새긴 우상을 만들지 말고 … 섬기지 말라	하나님 사랑 / 이웃 사랑
☐	너는 네 하나님 여호와의 이름을 망령되게 부르지 말라	하나님 사랑 / 이웃 사랑
☐	네 이웃에 대하여 거짓 증거하지 말라	하나님 사랑 / 이웃 사랑
☐	너는 나 외에는 다른 신들을 네게 두지 말라	하나님 사랑 / 이웃 사랑
☐	안식일을 기억하여 거룩하게 지키라	하나님 사랑 / 이웃 사랑
☐	네 이웃의 집을 탐내지 말라	하나님 사랑 / 이웃 사랑
☐	네 부모를 공경하라	하나님 사랑 / 이웃 사랑
☐	간음하지 말라	하나님 사랑 / 이웃 사랑
☐	도둑질하지 말라	하나님 사랑 / 이웃 사랑
☐	살인하지 말라	하나님 사랑 / 이웃 사랑

• • • •
숨은 글자를 찾아보아요.

숫자에 맞는 색을 칠해서 돌판을 완성해 보세요. 어떤 글자가 나타나나요?
나타난 글자를 이용해 레위기 11장 45절 말씀의 빈칸을 채워 보세요.

1 - ● 파랑   2 - ● 빨강   3 - ● 노랑   4 - ● 주황

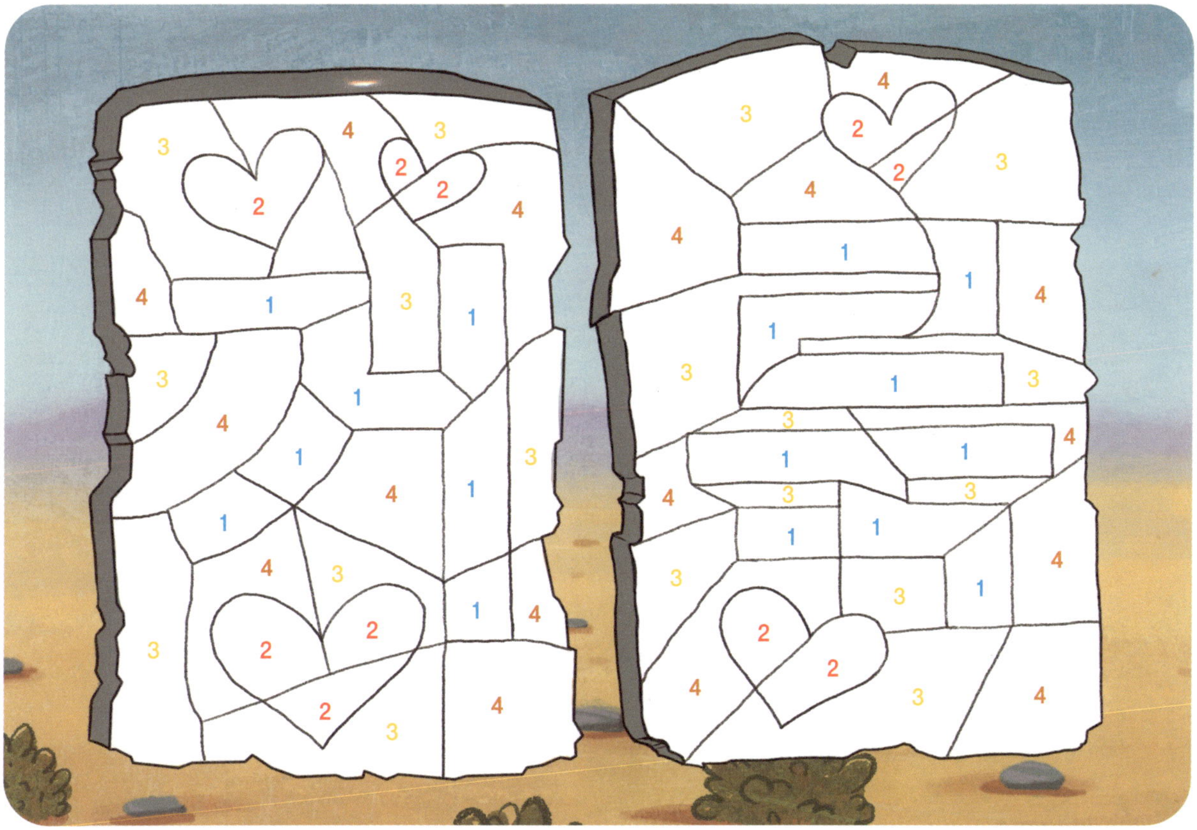

나는 너희의 하나님이 되려고

너희를 애굽 땅에서 인도하여 낸 여호와라

내가 [　][　] 하니 너희도 [　][　] 할지어다

레위기 11장 45절

43

하나님은 모세와 이스라엘 백성에게 왜 십계명을 주셨을까요?

또 우리에게 왜 십계명을 알려 주셨을까요?
두 개의 십계명 돌판에 담긴 하나님의 당부나 마음을 그림이나 글로 표현해 보세요.

가족과 이야기해요

- 하나님이 우리에게 십계명을 주신 이유는 무엇인가요?
- 지키기 가장 어려운 계명은 어떤 것인가요? 그 이유는 무엇인가요?
- 하나님이 우리를 받아 주신 이유는 무엇인가요? 우리가 하나님의 법에 순종했기 때문인가요?

가족과 활동해요

- 어떻게 이웃에게 우리의 사랑을 보여 줄 수 있을지 이야기를 나누어 보세요. 사랑한다고 말하는 것이 쉬운가요, 아니면 행동으로 보이는 것이 쉬운가요? 하나님이 우리에게 어떻게 사랑을 보여 주셨는지에 대해 함께 이야기해 보세요. (로마서 5:8)
- 쿠키나 코코아를 준비해 "하나님이 당신을 사랑하세요"라고 적은 쪽지와 함께 이웃에게 나누어 주세요.
- 함께 읽을 말씀 : 출애굽기 40장, 레위기 1장

성막을 지었어요

STORY 8

출애굽기 35장 4절~40장 38절

 주제

하나님은 하나님의 백성과 함께 계시기 위해 성막을 지으라고 하셨어요.

가스펠 링크

하나님은 구원의 계획으로 예수님을 보내셔서 사람들과 함께 이 땅에 살게 하셨어요.

성경의 초점

누가 하나님의 법을 완전하게 지킬 수 있나요? 예수님 외에는 아무도 없어요.

하나님은 이스라엘 백성에게 성막을 짓는 방법을 자세히 가르쳐 주셨어요.
그들은 금, 은, 보석 외에 성막을 짓기 위한 여러 예물들을 하나님께 드렸어요.
이스라엘 백성은 하나님이 말씀하신 대로 성막을 지었어요.

말씀 돌다리를 건너 보아요.

연꽃잎을 피해 79쪽 말씀 돌멩이를 놓아 성막으로 향하는 돌다리를 완성해 보세요!

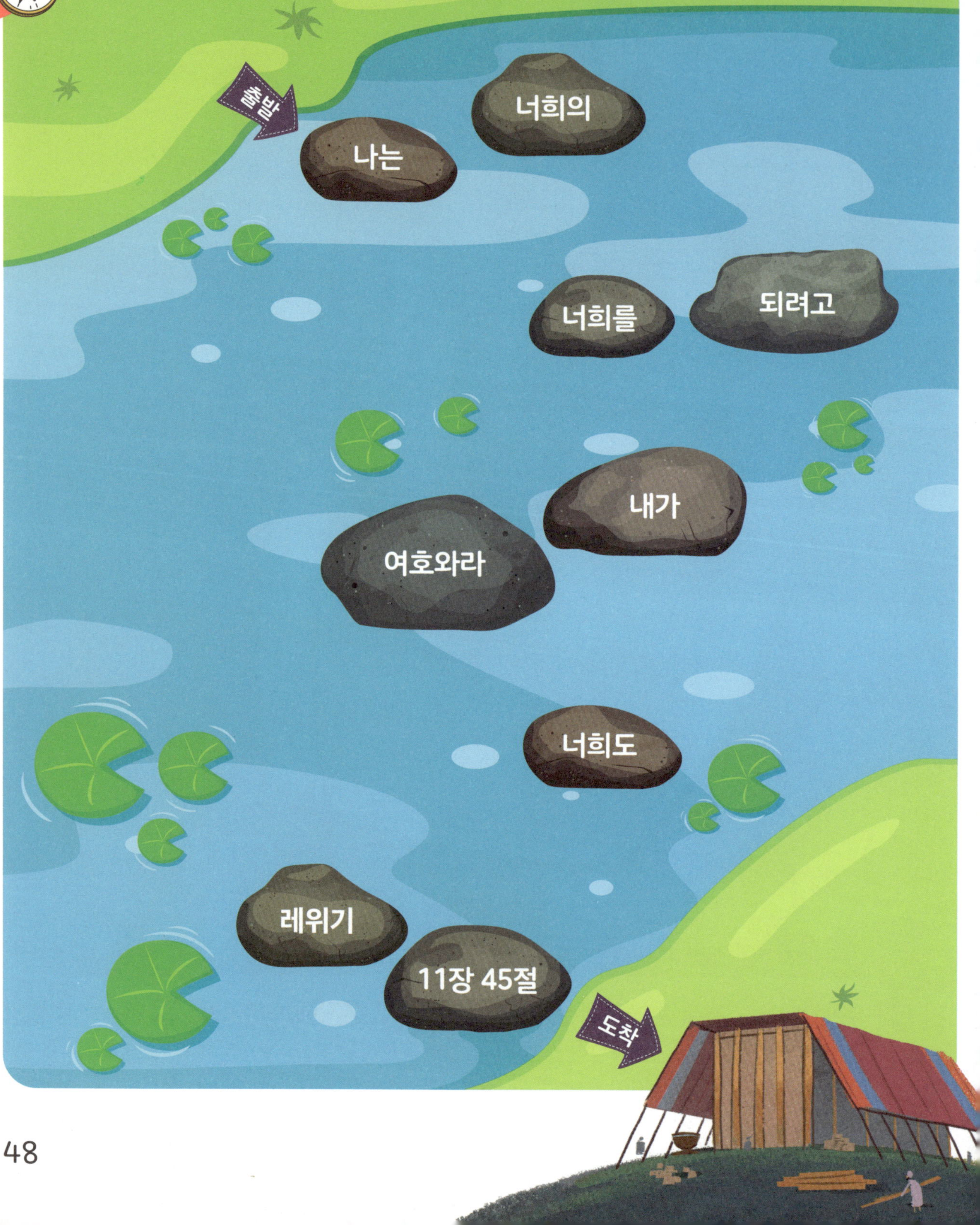

출발

너희의

나는

너희를

되려고

내가

여호와라

너희도

레위기

11장 45절

도착

성막을 짓기 위해 예물을 드려요.

하나님이 거하시는 성막을 아름답게 만들기 위해 드리는 특별한 예물이에요!
사다리를 타고 내려가 빈칸의 초성 암호를 풀어 예물의 이름을 적어 보세요.

하나님이 함께하신다는 느낌을 받은 적이 있나요? 언제였나요?

그림이나 글로 표현해 보세요.

- 이스라엘 백성은 왜 성막을 지었나요?
- 성막을 덮은 구름이 나타내는 것은 무엇인가요?
- 우리 가족이 다 함께 하나님과 시간을 보낼 수 있는 방법을 찾아보세요.

<table>
<tr><td>
가족과
활동해요
</td></tr>
</table>

- 나무 막대와 천 등을 사용해 성막 모형을 만들어 보세요.
- 요한복음 1장 14절을 읽은 뒤 예수님을 이 땅에 보내시고 십자가 죽음을 통해 우리를 죄에서 구원하신 하나님의 계획에 대해 함께 이야기해 보세요.
- 함께 읽을 말씀 : 레위기 6장 8절~7장 10절, 10장

하나님이 제사의 규칙을 정해 주셨어요

STORY **9**

레위기 1~27장

주제

하나님은 거룩하시기 때문에 죄에 대해서 희생 제물을 요구하세요.

가스펠 링크

예수님은 자신을 완벽한 희생 제물로 드리셔서 우리의 죄를 한 번에 영원히 가져가셨어요.

성경의 초점

누가 하나님의 법을 완전하게 지킬 수 있나요? 예수님 외에는 아무도 없어요.

하나님은 거룩하시고, 언제나 옳은 일을 하시는 분이에요. 하나님은 죄와는 완전히 *구별되는 분이시기 때문에 죄를 지은 사람은 하나님께 가까이 갈 수 없어요. 하나님은 하나님의 백성에게 희생 제물을 드려 죄를 용서받을 수 있는 제사의 규칙을 가르쳐 주셨어요.

★ 구별되다 : 따로 떨어져 있다.

나침반

성막 미로를 따라 가며 말씀을 완성해 보세요.

성막 미로에서 어절을 모아 빈칸에 적어 레위기 11장 45절을 완성해 보세요.
대제사장은 성전 기구들을 통과해서 언약궤에 다가갈 수 있어요.

출발

나는
너희의
하나님이
너희에게
되려고
너희를
계명을
가나안
주노라
물에서
애굽
땅에서
거룩하니
내가
인도하여
레위기
11장
여호와라
낸
너희도
지어다
45절
자라
거룩할
함께
25장
도착
8절

•••• •• 바로잡기 전에는 만날 수 없어요.

숫자 '5'가 '6'을 만나려고 해요. 덧셈, 뺄셈으로 '6'이 나오는 길을 찾아
= 옆에 '6'을 써 보세요. 계산이 틀리면 처음으로 돌아와 계산을 바로잡으세요.

시작

•• ••• 죄인은 하나님을 만날 수 없어요.

하나님과의 관계를 바로잡으려면 죄를 용서받아야 해요. 죄를 용서받기 위해 드리는 제사에
쓰인 희생 제물은 무엇인가요? ○표 해 보세요.

순종하기 어려웠던 순간이 있었나요?

죄를 짓지 않고 순종하는 일은 매우 어려워요.
그 경험을 그림이나 글로 표현해 보세요.

가족과 이야기해요
- 구약 시대의 사람들은 죄를 지으면 어떻게 해야 했나요?
- 우리는 왜 희생 제물을 드리지 않나요? 누가 우리의 죄를 가져가셨나요?

가족과 활동해요
- 우리 가족의 죄를 용서해 주시기 위해 희생 제물이 되신 예수님께 감사의 편지를 써 보세요.
- 우리 가족이 실천할 수 있는 작은 희생을 생각해 보세요. 예를 들어, 외식비를 절약해 어려운 이웃을 돕는 일에 쓸 수 있어요.
- 함께 읽을 말씀 : 레위기 11장, 16장

오직 하나님만 예배해요

신명기 1장, 3장 23절~4장 40절

주제

오직 하나님만 진짜 신이시며,
하나님 외에는 아무도 없어요.

가스펠 링크

우리는 유일한 진짜 신이신 하나님만
예배해야 해요.
하나님의 아들이신 예수님을 믿으면
영원한 생명을 얻을 수 있어요.

성경의 초점

누가 하나님의 법을 완전하게 지킬 수 있나요?
예수님 외에는 아무도 없어요.

　　이스라엘 백성은 40년 동안 광야 생활을 했어요. 그리고 이제 약속의 땅에 들어갈 준비가 되었어요. 모세는 하나님만 유일한 진짜 신이시라는 것을 사람들에게 가르쳐 주었어요. 우리는 오직 하나님만 예배해야 해요.

나침반

보기 에서 알맞은 단어를 찾아 빈칸에 써서
레위기 11장 45절을 완성해 보세요.

나는 너희의 ☐☐☐ 이 되려고

너희를 ☐☐ 땅에서 ☐☐ 하여 낸

☐☐☐ 라

내가 ☐☐ 하니 너희도 ☐☐ 할지어다

레위기 11장 45절

보기

예수	하나님	구별	애굽	여호와	영광
이방	거룩	인도	주인	대통령	지도자

각 줄의 짝수 번째 글자를 지우고 남은 글자를 빈칸에 적어 보세요. 비밀 메시지는 무엇인가요?

> 오로직각하우나녀님루만비진글짜석신진
>
> 하늘나이님과외신에게는르아특무록도록

_____ 이시며,

_____ 없어요.

어린 시절을 기억하며 재미있었던 일을 떠올려 보세요.

모세가 이스라엘 백성에게 당부했던 것처럼 어른이 되어도 꼭 기억하고 싶은 것이 있나요?
그림이나 글로 표현해 보세요.

- 모세는 이스라엘 백성에게 무엇을 당부했나요? (신명기 4장 40절)
- 하나님과 같은 신이 또 있나요?
- 하나님에 대한 사랑을 어떻게 표현할 수 있을지 생각해 보세요.

• 가족과 즐거운 시간을 보냈던 기억에 대해 이야기를 나누어 보세요.

• 2단원 암송을 화장실 거울에 보드마커로 적어 놓고 이번 주 동안 함께 외워 보세요.

• 함께 읽을 말씀 : 레위기 19장, 23장

하나님의
언약을
기억해요

STORY

11

신명기 5장 1절~6장 25절, 8장 1절~11장 1절, 11장 26~28절

주제

하나님은 하나님의 백성에게
하나님의 언약을 떠올려 주셨어요.

가스펠 링크

하나님의 계획은 예수님을 보내
하나님의 백성을 죄에서 구원하시고
온 세상에 복을 주시는 거예요.

성경의 초점

누가 하나님의 법을 완전하게 지킬 수 있나요?
예수님 외에는 아무도 없어요.

이스라엘 백성은 약속의 땅에 들어갈 준비가 되었어요. 모세는 사람들을 불러 모아 하나님의 법과 언약을 다시 떠올려 주었어요. 모세는 하나님께 순종하면 그 땅에서 복을 받을 것이라고 말했어요.

이스라엘 백성은 어디에?

연대표의 빈칸을 채우고, 동전 던지기 게임으로
'가스펠 프로젝트'(하나님의 구원 계획)를 따라가 보세요.

동전 던지기 게임

동전의 앞(그림)이 나오면 1칸, 뒤(숫자)가
나오면 2칸 움직여서 "다시 오실 그리스도"에
도착하는 게임이에요. 79쪽 가스펠 프로젝트
마크를 오려 게임 말로 사용하세요.

다시 오실
그리스도

하나님의 편지

복음으로
세워진 교회

선지자의 말

바뀐 기도

약속의 땅

왕조의 시작

다가오는 왕

첫번째 크리스마스

하나님의
능력

룻의 이야기

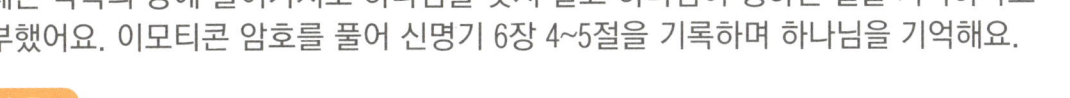

말씀을 기억해!

모세는 약속의 땅에 들어가서도 하나님을 잊지 말고 하나님이 행하신 일을 기억하라고 당부했어요. 이모티콘 암호를 풀어 신명기 6장 4~5절을 기록하며 하나님을 기억해요.

암호

ㄱ ㄴ ㄷ ㄹ ㅁ ㅂ ㅅ ㅇ ㅈ ㅎ

이스라엘아 ◯ㅡ◯◯ㅡ◯ㅏ

우리 ◯ㅏ◯ㅏ◯ㅣ◯ 여호와는

오직 유일한 여호와이시니

◯ㅓ◯ㅡ◯ ◯ㅏ◯ㅡ◯을 다하고

뜻을 ◯ㅏ◯ㅏ◯ㄴ ◯ㅣ◯을 다하여

네 ◯ㅏ◯ㅏ◯ㅣ◯ 여호와를

◯ㅏ◯ㅏ◯◯ㅏ◯ㅏ

신명기 6장 4~5절

하나님이 이스라엘 백성과 나를 위해 하신 일을 기억하나요?

왼쪽에는 하나님이 이스라엘 백성을 위해 하신 일을,
오른쪽에는 하나님이 나를 위해 하신 일을 떠올리며 그림이나 글로 표현해 보세요.

**가족과
이야기해요**

· 하나님은 이스라엘 백성이 무엇을 기억하기 원하셨나요?
· 《가스펠 프로젝트》 2권 "하나님의 구출 계획"에서 가장 기억에 남는 성경 이야기를 떠
  올려 보세요. 어떤 이야기인가요? 가족과 함께 나누어 보세요.

가족과 활동해요

- 가족과 함께 신명기 6장 4~9절을 읽은 뒤 이번 주 동안 이 말씀을 기억할 수 있는 방법을 생각해 보세요.
- 가족과 산책하면서 오늘 배운 성경 이야기를 나누어 보세요.
- 함께 읽을 말씀 : 레위기 26장, 민수기 5장

연대표

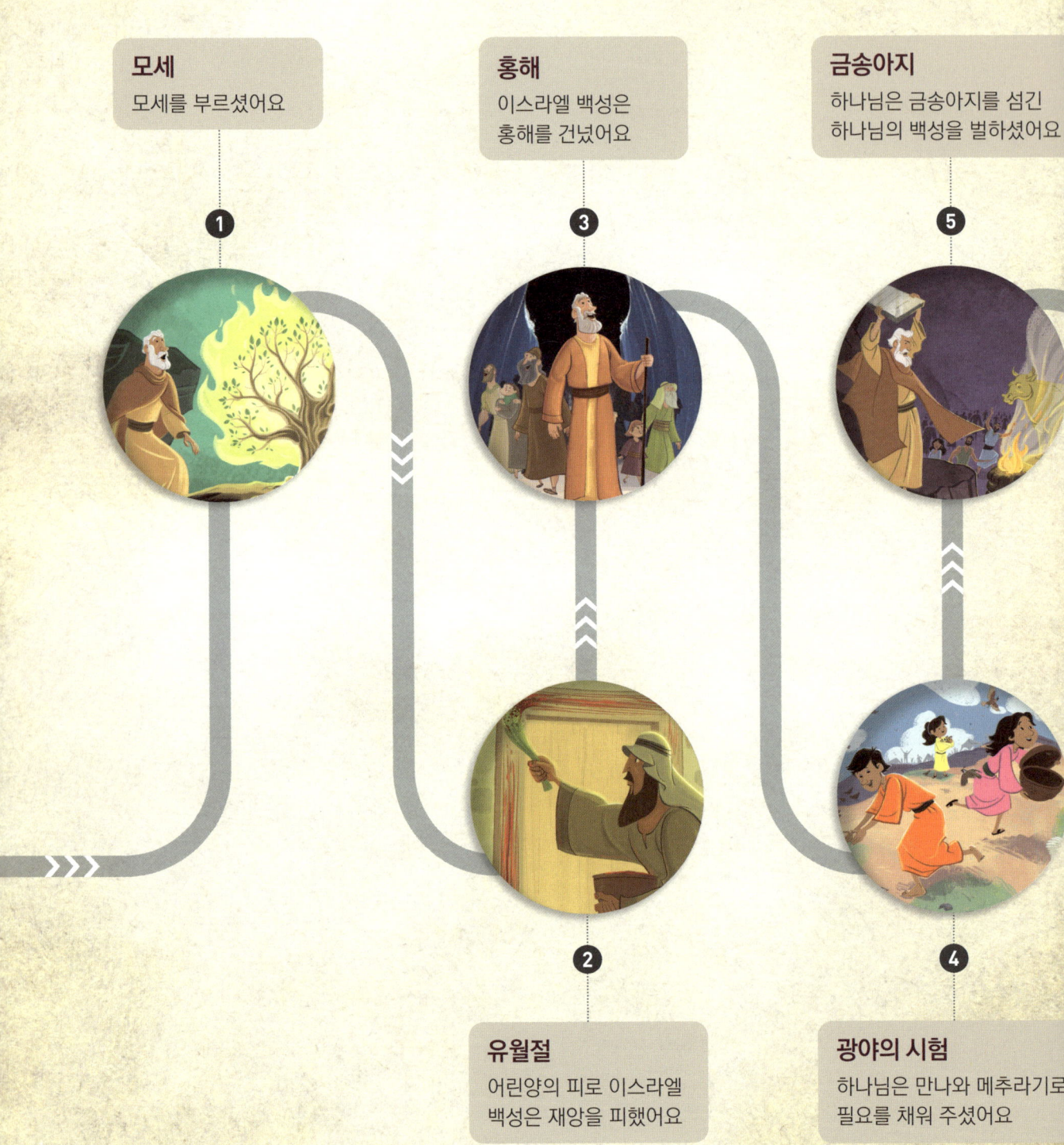

모세
모세를 부르셨어요

①

홍해
이스라엘 백성은
홍해를 건넜어요

③

금송아지
하나님은 금송아지를 섬긴
하나님의 백성을 벌하셨어요

⑤

유월절
어린양의 피로 이스라엘
백성은 재앙을 피했어요

②

광야의 시험
하나님은 만나와 메추라기로
필요를 채워 주셨어요

④

십계명
"이웃을 사랑하라"

7

제사
하나님이 제사의
규칙을 정해 주셨어요

9

모세의 고별 설교
하나님의 언약을
기억해요

11

6

십계명
"하나님을 사랑하라"

8

성막
하나님이 거하시는
성막을 지었어요

10

예배
유일한 진짜 신이신
하나님만 예배해요

십 계 명

1. 너는 나 외에는 다른 신들을 네게 두지 말라

2. 너를 위하여 새긴 우상을 만들지 말고 … 섬기지 말라

3. 너는 네 하나님 여호와의 이름을 망령되게 부르지 말라

4. 안식일을 기억하여 거룩하게 지키라

5. 네 부모를 공경하라

6. 살인하지 말라

7. 간음하지 말라

8. 도둑질하지 말라

9. 네 이웃에 대하여 거짓 증거하지 말라

10. 네 이웃의 집을 탐내지 말라

1. 모세를 부르셨어요
출 1:8~2:10, 2:23~25, 3:1~4:20

4. 광야에서 시험을 치렀어요
출 15:22~17:7

1단원
구출하시는 하나님

3. 홍해를 건넜어요
출 13:17~15:21

가스펠 프로젝트
구약 2 하나님의 구출

앞으로 공과 가족 활동
메시지 카드

2. 이스라엘 백성은 재앙을 피했어요
출 5:1~13:16

1. 모세를 부르셨어요

주제 하나님은 하나님의 백성을 노예 생활에서 건져 내시기 위해 모세를 구하셨어요.

기스펠 말씀 모세는 하나님의 백성을 이집트의 노예 생활에서 구하겠고, 예수님은 하나님의 백성을 죄의 노예에서 구원하셨어요.

성경의 초점 하나님의 계획은 무엇인가요?
하나님의 계획은 하나님의 백성을 노예 생활에서 구하시는 거예요.

암송 출 14:13

1단원 암송 말씀

지 말고 가만히 서서 여호와께서 오늘날 너희를 위하여 행하시는 구원을 보라 너희가 오늘 본 애굽 사람을 영원히 다시 보지 아니하리라(출 14:13).

부모님께 : 메시지 카드에는 이달에 배운 성경 이야기를 되새기며 삶에 적용할 수 있는 가족 활동이 담겨 있습니다. 그림을 보며 성경 이야기를 회상하고 성경 본문을 찾아 함께 읽어 보며 가족이 무엇을 나누어 보세요. 카드의 그림들은 성경의 흐름을 기억할 수 있는 단서가 될 것입니다.

구약 2편 "하나님의 구출 계획"에 담긴 가스펠 하나님은 이집트의 노예였던 이스라엘 백성을 통해 구원하셨습니다. 하나님은 이와 같이 죄의 노예가 된 우리를 예수님을 통해 구원하셨습니다. 이집트를 탈출한 이스라엘 백성은 노예 신분에서는 벗어났지만 여전히 옛 모습을 버리지 못하고 있었습니다. 가득한 신 하나님은 그들에게 율법을 주셔서 거룩한 백성이 어떻게 살아야 할지를 일러 주셨습니다.

2. 이스라엘 백성은 제앙을 피했어요

주제 하나님은 하나님만 유일한 참 신이시라는 것을 이집트 사람들에게 보여 주셨어요.

기스펠 말씀 하나님은 이스라엘 백성이 어린양의 피로 장자의 죽음을 피했던 것처럼 예수님의 피로 죄의 벌로부터 구원받게 되었어요.

성경의 초점 하나님의 계획은 무엇인가요?
하나님의 계획은 하나님의 백성을 노예 생활에서 구하시는 거예요.

암송 출 14:13

3. 홍해를 건넜어요

주제 전능하신 하나님은 홍해를 걷던 이스라엘 백성이 마른 땅을 건너가게 하셨어요.

기스펠 말씀 하나님은 모세를 통해 이스라엘 백성을 이집트에서 구하신 것처럼 예수님을 통해 하나님의 백성을 영원으로 구원하실 거예요.

성경의 초점 하나님의 계획은 무엇인가요?
하나님의 계획은 하나님의 백성을 노예 생활에서 구하시는 거예요.

암송 출 14:13

4. 광야에서 시험을 치렀어요

주제 하나님은 하나님의 백성의 필요를 채워 주셨어요.

기스펠 말씀 하나님이 만나를 내려 하나님의 백성의 요를 채워 주셨듯이 하나님은 우리의 영적 필요를 채우기 위해 예수님을 우리에게 주셨어요.

성경의 초점 하나님의 계획은 무엇인가요?
하나님의 계획은 하나님의 백성을 노예 생활에서 구하시는 거예요.

암송 출 14:13

6. 십계명 "하나님을 사랑하라"
출 19:1~20:11, 31:18

9. 하나님이 제사의 규칙을 정해 주셨어요
레 1~27장

2단원
거룩하신 하나님

8. 성막을 지었어요
출 35:4~40:38

5. 금송아지를 만들었어요
출 32:1~35, 34:1~9

7. 십계명 "이웃을 사랑하라"
출 20:12~17

75

6. 십계명 "하나님을 사랑하라"

주제 하나님은 우리에게 규칙을 주셔서 하나님은 거룩하시고, 우리는 죄인이라는 것을 알게 하셨어요.

기스펠링크 하는 우리는 하나님으로부터 간격하셨어고 우리를 다시 하나님께로 인도하셔서 예수님을 만나요. 하지만 의로우신 예수님은 우리의 죄를 없애 주시모든 사람을 하나님의 가족이 되게 하셨.

성경의 초점 누가 하나님의 법을 완전하게 지킬 수 있나요? 예수님 외에는 아무도 없어요.

암송 레 11:45

9. 하나님이 제사의 규칙을 정해 주셨어요.

주제 하나님은 거룩하시기 때문에 죄에 대해서 희생 제물을 요구하세요.

기스펠링크 예수님은 자신을 완벽한 희생 제물로 드리서서 우리의 죄를 한 번에 영원히 가져가셨어요.

성경의 초점 누가 하나님의 법을 완전하게 지킬 수 있나요? 예수님 외에는 아무도 없어요.

암송 레 11:45

2단원 암송 나는 너희의 하나님이 되려고 너희를 애굽 땅에서 인도하여 낸 여호와라 내가 거룩하니 너희도 거룩할지어다(레 11:45).

5. 금송아지를 만들었어요

주제 하나님은 금송아지를 섬긴 하나님의 백성을 벌하셨어요.

기스펠링크 모세가 이스라엘 백성의 죄를 용서해 달라고 했던 것처럼 예수님은 하나님과 사람 사이의 중재자이세요. 예수님은 십자가에서 우리의 죄를 사해 주시고 우리를 대신해 하나님 앞에서 구하세요.

성경의 초점 하나님의 계획은 무엇인가요? 하나님의 백성을 노예 생활에서 구하시는 거예요.

암송 출 14:13

8. 성막을 지었어요

주제 하나님은 하나님의 백성과 함께 계시기 위해 성막을 지으라고 하셨어요.

기스펠링크 하나님은 구원의 계획으로 예수님을 보내서서 사람들과 이 땅에 살게 하셨어요.

성경의 초점 누가 하나님의 법을 완전하게 지킬 수 있나요? 예수님 외에는 아무도 없어요.

암송 레 11:45

7. 십계명 "이웃을 사랑하라"

주제 하나님은 우리에게 규칙을 주셔서 하나님과 이웃을 사랑하는 법을 가르쳐 주셨어요.

기스펠링크 예수님은 우리가 죄로 인해 받아야 할 벌을 대신 받으셨어요. 예수님을 믿는 사람은 누구든지 죄를 용서받고 영원한 생명을 얻어요.

성경의 초점 누가 하나님의 법을 완전하게 지킬 수 있나요? 예수님 외에는 아무도 없어요.

암송 레 11:45

11. 하나님의 언약을 기억해요
신 5:1~6:25, 8:1~11:1, 11:26~28

10. 오직 하나님만 예배해요
신 1장, 3:23~4:40

둘러보기

- **주제** : 각 과의 핵심 줄거리를 파악할 수 있습니다.
- **가스펠링크** : 성경 이야기에 담긴 복음을 발견하게 합니다. 모든 성경 이야기는 그리스도로 연결됩니다.
- **성경의 초점** : 본문과 관련된 성경의 중심 주제를 묻의 형식으로 정리한 문장입니다. 단원의 성경의 초점을 익히며 성경의 흐름을 이해하게 합니다.
- **암송** : 단원의 핵심 메시지가 담긴 성경 구절입니다.

13쪽

48쪽

66쪽

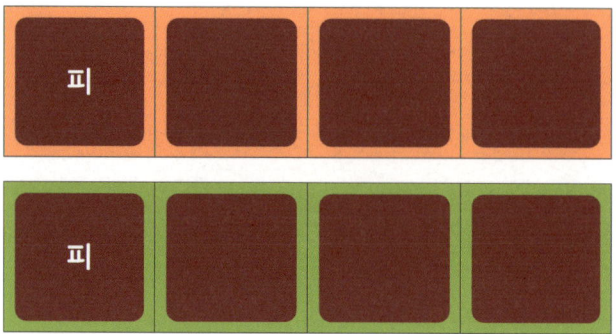